Impressum
Verlag: BABADADA GmbH, Nedderfeld 112 , 22529 Hamburg
Geschäftsführer / Verlagsleitung: Harald Hof
Druck: Books on Demand GmbH, In de Tarpen 42, 22848 Norderstedt

Imprint
Publisher: BABADADA GmbH, Nedderfeld 112 , 22529 Hamburg, Germany
Managing Director / Publishing direction: Harald Hof
Print: Books on Demand GmbH, In de Tarpen 42, 22848 Norderstedt

dugsi

دبستان

qeybi
پارکرن
186/2
sabuurad
تەختە
fasal
سەف
barxad dugsi
هەوشا دبستانێ
macallin
مامۆستە
warqad
کاخەز
qorraxeed
نڤیساندن
qalin
پێنڤیسک
miis
ماسە
mastarad
راستەک
buug
پرتووک
arday
خوەندەکار

boorso

چەوال

kiis qalin-qori

قووتی نڤیستۆک

qalin-qori

قەلەمرساس

koobka qalin qor

نڤیستۆک تووژکر

titirre

ژێبر

buugga sawirka

نڤیسکا نیگارێ

sawirid

نیگار

burushka midabaynta

فرچیا رەنگێ

gasaca midabaynta

قووتی رەنگ

maqasyo

مەقەس

koollo

لەزاق

buug qoraal

پرتووکا فێربوون

shaqo-guri

وەزیفا مالێ

lambar

هەژمار

ku dar

زێدەمکرن

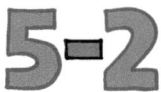

ka jar

دەرخستن

ku dhufo

زێدەمکرن

xisaabi

هەسباندن

warqad

تیپ

alifbeeto

ئالفابە

erey

پەیڤ

qoraal

نۆقيسیٔ

akhri

خواندن

jeesto

گدچ

cahsar

سرهد

diiwaan

قميدكرن

imtixaan

نيمتيهان

shahaado

شمهاده

direes dugsi

كنجا دبستانئ

waxbarasho

پهروهردههی

diwaan mowduuceed

زانستنامه

jaamacad

زانينگه

mayskariskoob

ميكرۆسكووپ

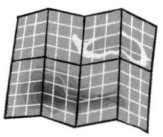

khariidad

خهريته

haan qashin-gur

سپیمتا كاخهزئ

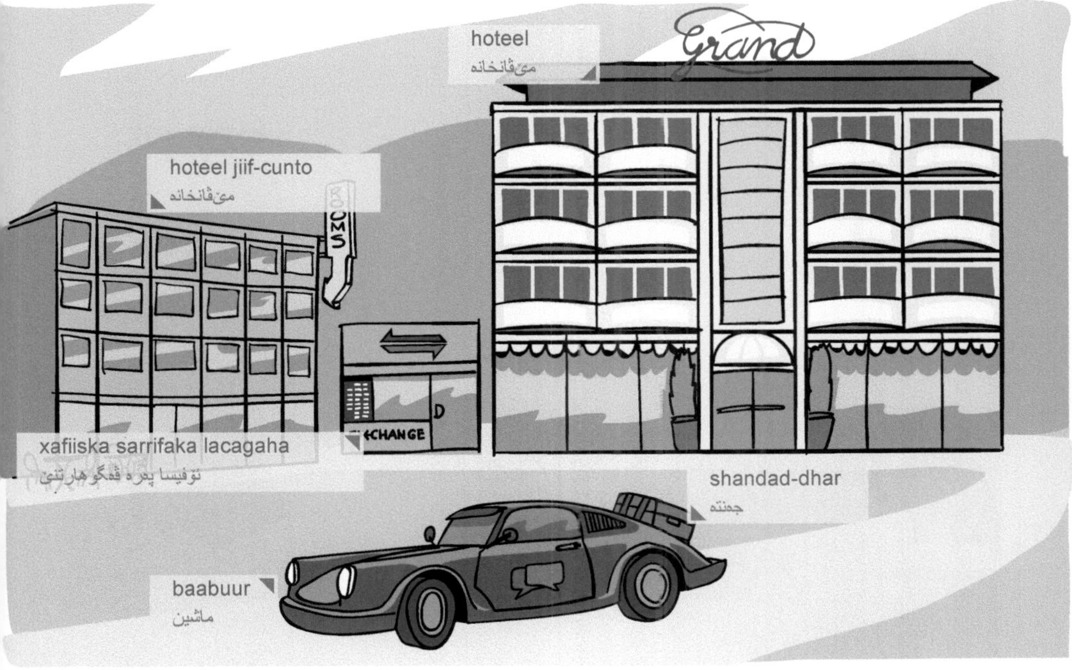

hoteel
میوانخانه

hoteel jiif-cunto
میوانخانه

xafiiska sarrifaka lacagaha
نوفیسی پەرە گۆڕكوهاردتن

shandad-dhar
جهنته

baabuur
ماشین

luuqad

زمان

haa / maya

بەڵێ / نا

Hagaag

باش

nabad miyaa

سڵاو

turjumaan

وەرگێڕانی نڤیسکی

Waad mahadsan tahay

سپاس

waa immisa…?

چ قاسه؟ ... بهاین

ma aanan fahamin

نەزم فام ناكم

dhibaato

ناری‌شه

galab wanaagsan!

نی‌قارباش!

subax wanaagsan!

سپی‌دی باش!

habeen wanaagsan!

شەڤ باش!

nabad gelyo

خاتری تە

jiho

ئالی

alaabo

هوورموور

boorso

چمنتە

boorso-dhabar

چمنتە پشت

marti

می‌قان

qol

نۆده

katiifad

جامه خەو

teendho

چادر

xog dalxiis

ناگاگێن گەرۆکان

xeebta

رمخێ ئاڤى

kaar amaah

کارتێ قەرزێ

quraac

تاشتێ

qado

فراڤين

casho

شيڤ

rasiid

کارت

wiish

ئاسانسۆر

tiimbare

پوول

xuduud

تخوب

qeybta-canshuur-bixinta

گۆمرک

safaarad

بالیۆزخانه

dal ku gal

ڤيزا

baasaboor

پاسایۆرت

dayaarad
فرۆكه

markab
گه‌می

matoor
نه‌ره‌به ناگركوژ

bas
ئوتوبووس

gaari xamuul ah
كاميون

doon-matooreey
پاپۆرا ماتۆری‌

mooto
دوچه‌رخه

baabuur
ماشين

doon

پاپۆر

doonnida

پاپۆر

mooto

مۆتۆرسیكله‌ت

baabuur booliis

ته‌رمبێلا پۆلیسی‌

baabuur baratan

ته‌رمبێلا پێشبازی‌

baabuur la-kiraysto

نه‌ره‌به كرێكرنی‌

gaadiid-wadaag

ماشین پهرقهمکرن

wiishle

کامیۆنا کشاندنئ

gaari qashin-gure

کامیۆنا خولطی

matoor

مۆتۆرسیکلئت

shidaal

مازۆت

ajib

ئیستهگههها بهنزینئ

calaamad taraafiko

تابلۆیا ترافیکئ

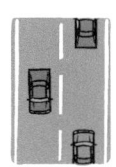

taraafiko

هاتنووچوون

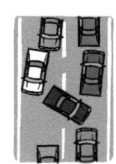

jaam baabuur

ترافیک

baarkin-baabuur

جهئ پارکئ

boosteejo tareen

راوهستهکا ترئنئ

waddo-tareen

رئچ

tareen

ترئن

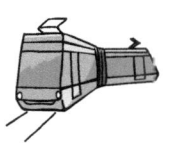

taraam

ترئنئ کۆلانئ

gaari faras

نهرهبه

helikobtar

بابرزۆک

garoonka dayuuradaha

بالافرگده

manaarad

برج

rakaab

مسافر

weel

قووتی

kartoon

قووتی

gaari faras

گرگرۆک

dambiil

سەلک

kicid / degis

رابوون / نیشتن

magaalo

باژار

tuulo

گوند

faras magaale

ناڤەندا باژاری

guri

خانی

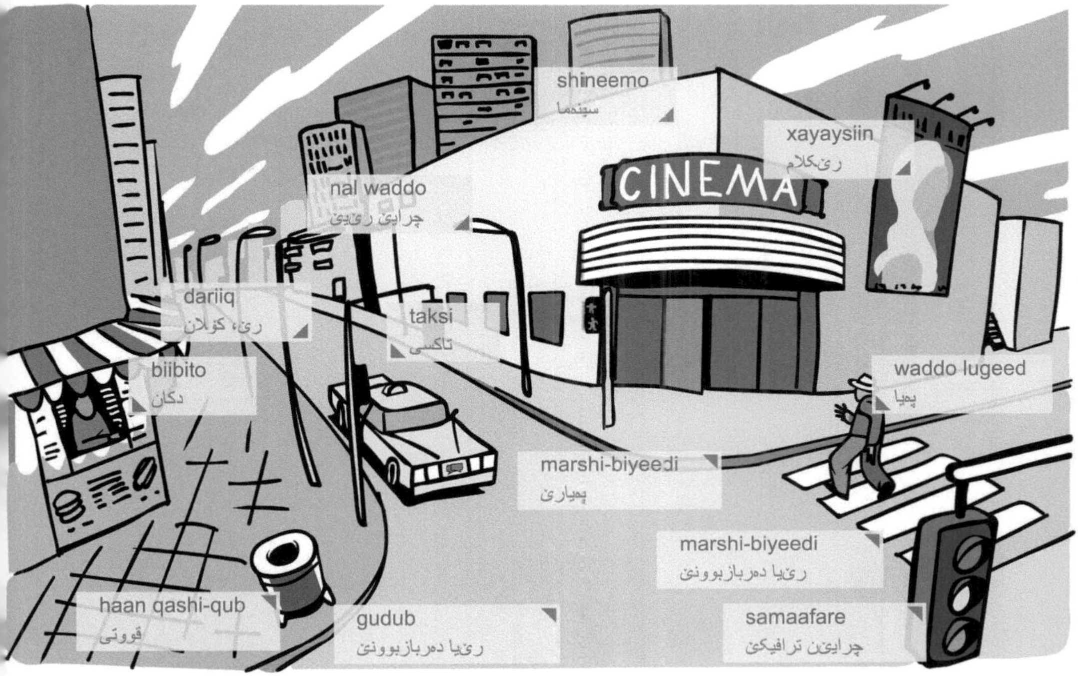

shineemo
سینما

xayaysiin
رێکلام

nal waddo
چراغی رێدین

CINEMA

dariiq
رێ، کۆلان

taksi
تاکسی

biibito
دکان

waddo lugeed
پەیا

marshi-biyeedi
پەیارێ

marshi-biyeedi
رێیا دەربازبوونێ

haan qashi-qub
قووتی

gudub
رێیا دەربازبوونێ

samaafare
چرایێن ترافیکێ

mundul

کۆخ

dabaq

خانی

boosteejo tareen

راوەستەکا ترێنێن

xarunta dowladda-hoose

تەلارا شارەۆانی

MUSEUM

matxaf

موزەخانە

dugsi

دبستان

jaamacad

زانینگه

bangi

بانک

isbitaal

نەخوشخانە

hoteel

میوانخانە

farmasi

دەرمانخانە

xafiis

ئۆفیس

buug shoob

کتێبفرۆشی

dukaan

دکان

dukaan ubax

گولفرۆش

carwo

بازار

suuq

بازار

suuq weyne

سوپەرمارکێت

kalluun-iibshe

ماسیفرۆش

suuq

ناوقەندا کرین

furdo

بەندەر

jardiino

پارک

kursi

سەکوو

buundo

پڕ

jaraanjaro

جەرەنجە

waddo-tareen-hoosaad

ژێر نەردێن

waddo-dhul hoose

تۆننەل

boosteejo

سووتۆبووس ئۆمگەستىن

baar

بار

makhaayad

خوارنگەھ

sanduuq boosto

سندووقا پۆستێ

calaamad waddo

نیشاندەرکا رێیێ

joogid-cabbire

مەترا پارکینگێ

beer-xayawaan

باخچا ھەیوانان

barkad dabbaalasho

ھەوزا مەلەقانى

masaajid

مزگەفت

beer

جۆتگەمە

naqas

زۆردەرئاندناتوملە

qabuuro

گۆرستان

kaniisad

کەنیسە

garoon

یەنسیتنئ ردئ نەرد

macbad

پەرستگەمە

caleen
گەڵا

calaamad-waddo
رێگاکاردنیشانئ

waddo
رێ

seere
گومەز

dhagax
بەرد

geed
دار

buur korre
گردۆک

webi
چەم

caws
گیا

ubax
کولیلک

dooxo

دۆل

buur

گر

laag

گۆل

kayn

دارستان

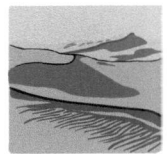

saxare

بیابان

foolkaano

ڤۆلکان

qasri

کەلمە

qaanso-roobaac

کەسکەسۆر

barkin-waraabe

کفارک

geed timireed

دارقەسپ

kaneeco

مخمخک

duqsi

مێش

qoraanjo

مێروو

shinni

هەنگ

caaro

پیری

dameer-duudeey

كئزک

rah

بەق

dabagaalle

سهۆر

kashiito

ژیژوک

dabagaalle

كەرگوه

guumeys

پەپووک

shimbir

چڵیک

boolo-boolo

قوو

doofaar-jilibeey

بەرازێ كۆڤی

deero

پەزکۆڤی

faras-duur

پەزکۆڤی

biyo-xireen

بەنداڤ

tamar-dhaliye

تووربینا با

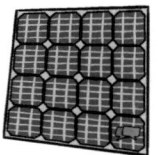

soollar

پانەلا خۆرێ

cimilo

ناڤ و هەوا

makhaayad

خوارنگەه

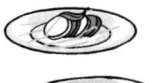

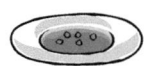

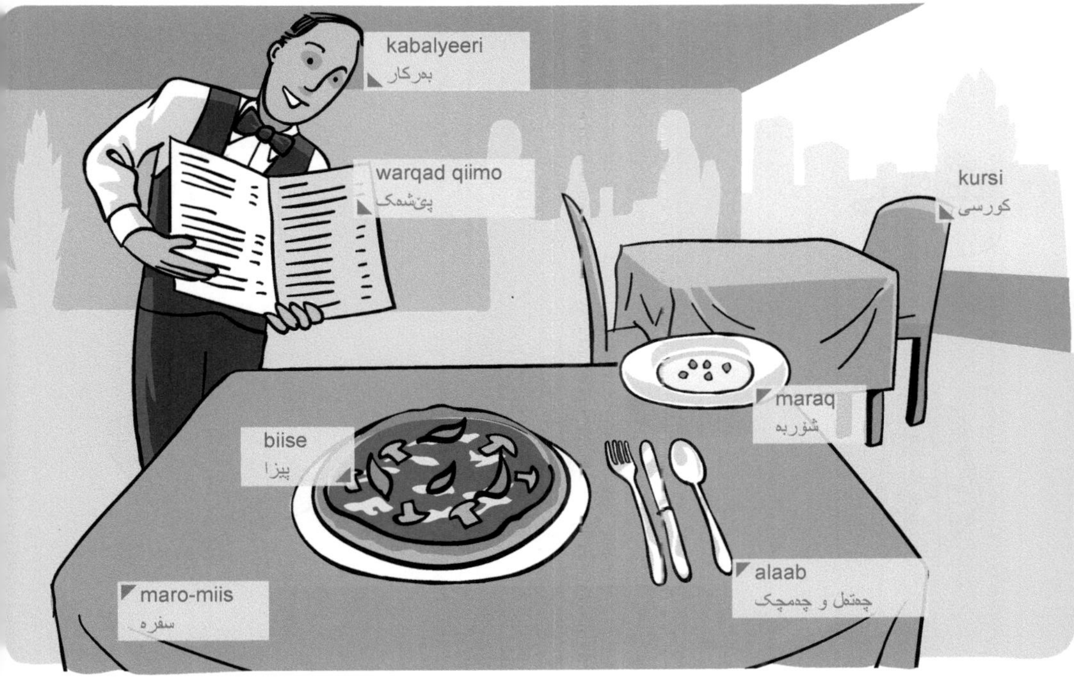
kabalyeeri
بەرکار
warqad qiimo
پێشمەک
kursi
کورسی
maraq
شۆربە
biise
پیزا
alaab
چەتەل و چەمچک
maro-miis
سفرە

af-billow

خوارنا دەستپێک

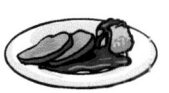

cunto bariimo

خوارنا سەرەکی

macmacaan

شێرانی

cabitaan

ڤەخوارنان

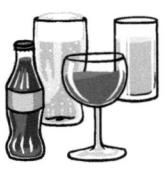

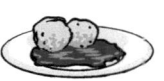

cunto

خوارن

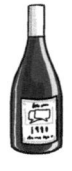

dhalo

جام

cunto diyaarsan

خوارنا لەز

cunto-waddo

خوارنا ڕێيێ

jalmad shaah

چايدانک

weelka sonkorta

قووتی شەکرێ

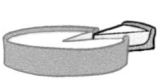

qayb

بەش

mashiinka isbareesada

ممکینا چێکرنێ ئەسپرەسسۆ

kursi dheer

کورسیا بلیند

biil

هەساب

tereey

سینی

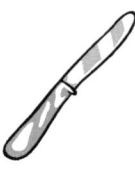

mindi

کێر

fargeeto

چمتەل

qaaddo

کەفچی

malqacad-shaah

کەفچیا چای

shukumaan miis

پێشگر

galaas

قەدەه

saxan

کفیمت

saxanka maraqa

بەربۆش کافیمت

saxan

پیاله

suugo

جنیچ

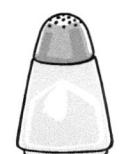

weelka cusbada

کانەدنیئۆخ

basbaas shiide

بیبار ئیتووق

fixiye

کنیئس

saliid

نوون

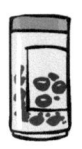 

dhandhanaan

بهارات

suugo

پاچتەک

mastaard

درستاموس

mayoonees

زیۆنۆیام

carwo

بازار

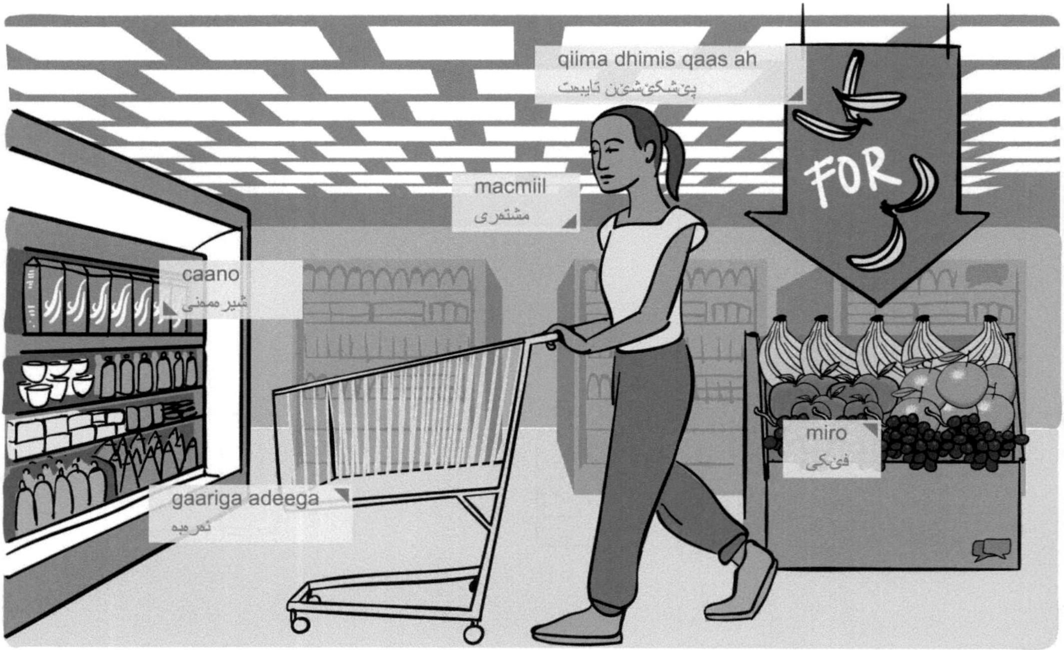

qiima dhimis qaas ah
پێشکێشێن تایبەت
FOR
macmiil
مشتەری
caano
شیرەمەنی
miro
فێکی
gaariga adeega
ئەرەبە

BUTCHERS

kawaan

قەسابی

BAKERY

foorno

دکانا نانپێژ

cabbir

وەزن کرن

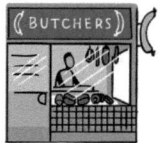

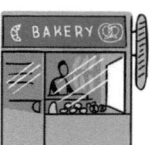

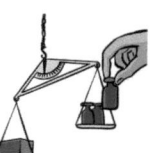

khudaar

سەبزە

hilib

گۆشت

cunto la qaboojiyay

خوارنێ جەمەدی

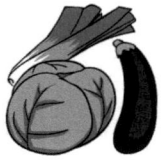

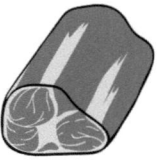

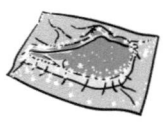

hilibka qadada

گۆشتێ سار

cunto gasacadeysan

خوارنا پێلئ

oomo

خوباری پاقژکرنئ

macmacaan

شرینی

alaabada guri

بەرهەمێن ناڤخوەیی

alaabo nadaafad

بەرهەمێن پاقژکرنئ

iibshe

فرۆشیار

diiwaan lacagta

خەزنۆک

qasnaji

دراڤگر

liis adeeg

لیستا کرینئ

saacadaha shaqo

دەمێن قەمکری

shandada jeebka

جزدان

kaar amaah

کارتێ قەرزئ

bac

چەوال

bac

چەنتە

biyo

ناق

casiir

شەریبەت

caano

شیر

kooka-kola

كۆمر

khamri

شەراب

biir

بیرا

khamri

ئالكۆل

kooke

كاكۆ

shaah

چای

kafee

قەهوە

isberesso

ئەسپرەسسۆ

koobishiin

كاپۆچینو

muus

مۆز

tufaax

سێۆ

liin-bambeelmo

پرتەقاڵی

qare

گوندۆر

liin

لیمۆن

karooto

گێزەر

toon

سیر

baambuu

قامر

basal

پیاز

barkin-waraabe

قارچک

loos

گوێز

baasto

شهیره

baasto

سپاگێتتى

bariis

برنج

salar

سەلەتە

jibsi

چپس

baradho shiilan

پەتەتەیا براشتى

biise

پیزا

haambeegar

هامبورگەر

saanwij

نانۆک

hilib-jiir

گۆشتێ ستووىىێ بەرخى

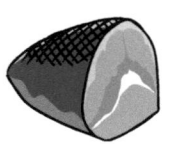

hilib-doofaar

گۆشتێ هشككرى

salami

سالامێ

sooseej

سۆسیس

hilib-digaag

مریشک

duban

بژارتن

kalluun

ماسى

cunto - خوارن

sareenta mashaarida

شۆربە بلوول

quraac isku-dhafan

مووسلی

daango

كەرتێن گلگلان

bur

ئارد

nooc rooti ah

جرۆسسانت

rooti

سەموون

rooti

نان

rooti-la-kulluleeyey

توست

buskud

نانک

subag

نقیشک

hanti

ماست

doolsho

كریلیچه

ukun

هێنک

ukun shiilan

هێنکا قەلاندی

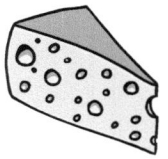

burcad

پەنیر

jalaato

دؤندرمه

sonkor

شمکر

malab

هنگٌ

malmalaado

مربا

labeen macmacaan

خامهيا نوٌوگات

suugo

کرری

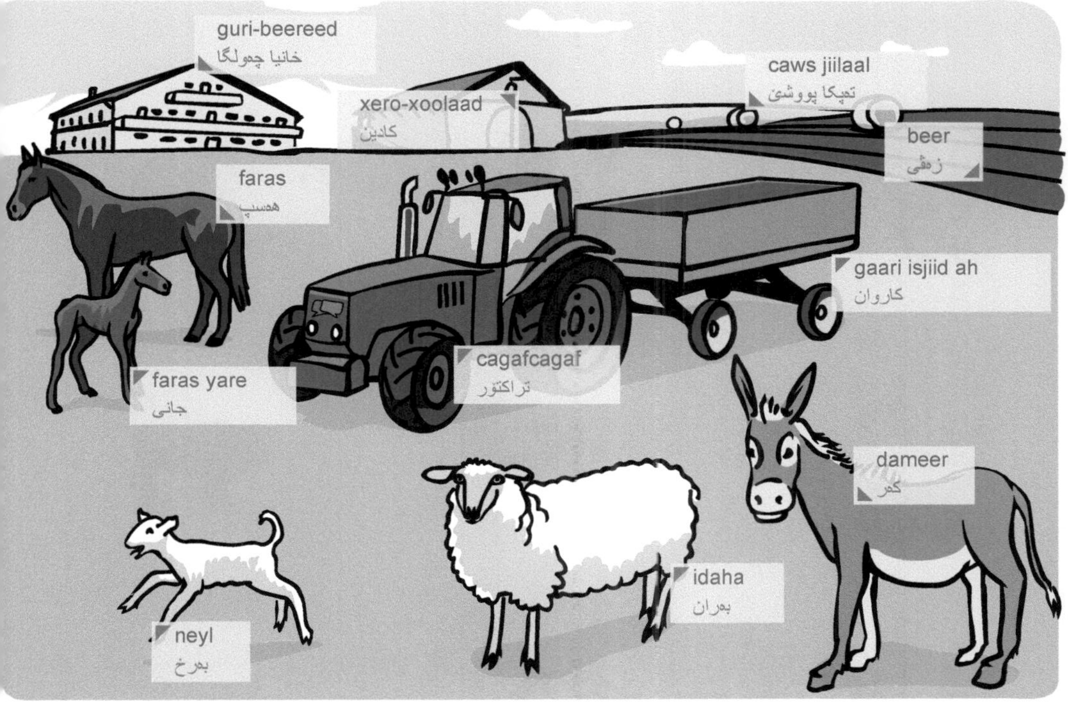

guri-beereed
خانیا چمولگا

caws jiilaal
تەپکا پووشێ

xero-xoolaad
کادین

beer
زەڤی

faras
هەسپ

gaari isjiid ah
کاروان

faras yare
جانی

cagafcagaf
تراکتۆر

dameer
گەر

neyl
بەرخ

idaha
بەران

ri'
بزن

sac
چۆلەک

weyl
گوڵک

doofaar
بەراز

dhal doofaar
خنزیرک

dibi
بۆخە

bawaato lab

قاز

bawaato

مراڧی

jiijiile

جووچک

digaag

مریشک

diiq

کەلەشێر

doolli

جرج

bisad

کتک

jiir

مشک

dibi

گا

eey

کووچک

hoyga eeyga

خانیا کووچکئ

tuubbo waraab

خانی باخئ

sakeelka waraabinta

قوورتیکا ئاڧدانئ

gudin

شالووک

carro-roge

گاسن

gudin

داس

yaambo

مهربێر

fargeeto caws-beereed

دارساپک

faas

بڕ

gaari -gacan

دهستگهره

dar

قووتی خوارنا جانداران

dhalada caanaha

قووتی شیر

jawaan

توور

deer

چهپهر

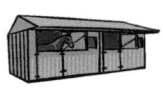

xero xooleed

ناخور

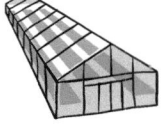

gur-biqlin-dhireed

خانا کولیلکان

ciidda

ناخ

abuuka

دهمندک

bacrimiye

پهیین

cagafta beer-goynta

کۆمباین

beer-goyn

داز

beer-gooyn

داز

moxog

پەتەتە

sarreen

گدنم

soya

فاسۆلی

baradho

پەتەتە

galley

دەخل

geed-saliideed

دندک

geed mirood

داری فێکی

moxog

سێفڵ بن ئەردی

firiley

داز

qiiq saar
كۆلەمك

saqaf
بانی

majaroor
بۆریا ئاۋ

daaqad
پاجە

garaash
گاراژ

gambaleel
زمنگلێن دەری

irrid
دەری

haan qashin
فراخن زبلی

sanduuq boosto
قوتیا پۆستێ

beer
باخچە

qol jiib
ئۆدا روونشتنێ

musqul-qubeys
همّام

jiko
مەتبەخ

qolka jiifka
ئۆدا خەوی

qolka ilmaha
ئۆدەیا زارۆک

qolka cuntada
ئۆدا شیڤْی

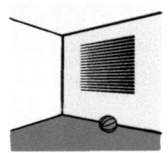

sagxad

بنی

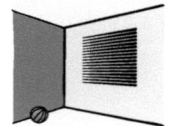

derbi

ديوار

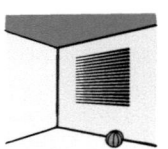

saqaf

بهربان

makhaasiin

خمنزک

soona

ساونا

balakoon

بالکۆن

daarad

بهردانک

barkad

ههوزا مهلهقانى

caws-jare

چیمهن بر

buste

مهلهقهد

go'

بهتانى

sariir

نڤین

xaaqin

گهزک

baaldi

ساتل

daare-damiye

کلیل

qol jiib

ئۆدا روونشتنێ

sharaaxd-derbi
کاخەزێ دیوار
sawir
وێنە
feynuus
لامپا
qaanad
رەف
armaajo
دۆلاب
telefiishan
تەلەفیسیۆن
dab-shid
ئاگردان
ubax
کولیلک
barkin
سەرین
fadhi-carbeed
قەنەپە
dheri-ubax
گولدانک
rimuud
کۆنترۆلا دوور

roog

خالیچە

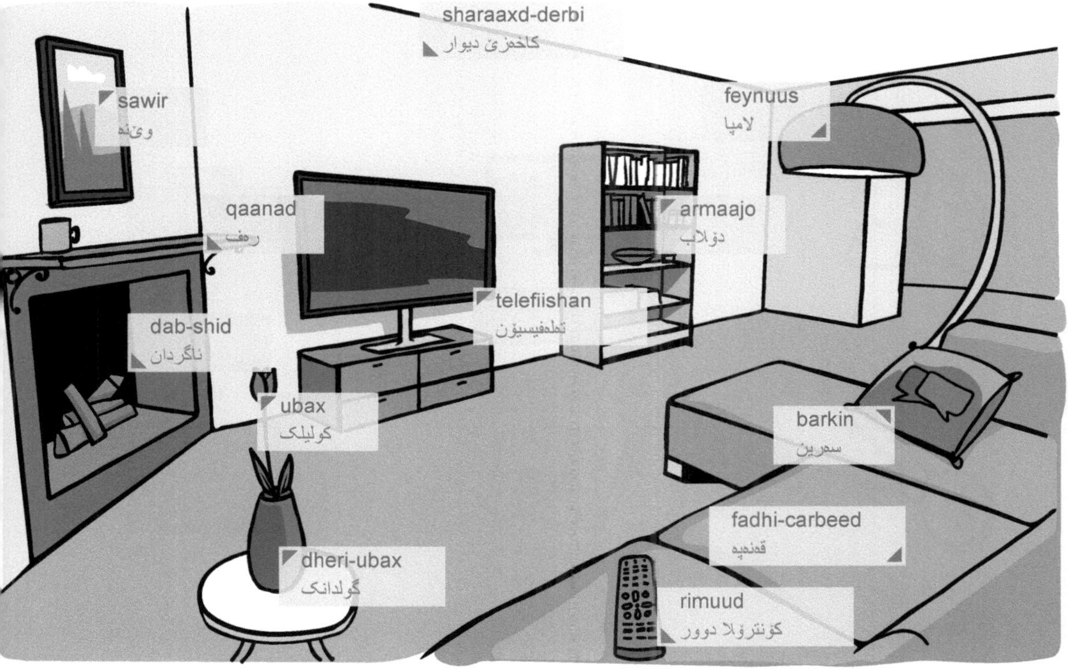

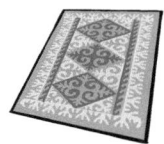

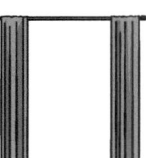

daah

پەردە

miis

مێز

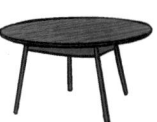

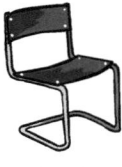

kursi

کورسی

kursi wareega

کورسیا هەژانۆک

kursi fadhi

کورسی

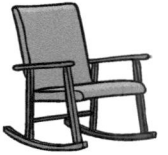

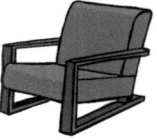

buug

پرتووک

buste

بەتانى

qurxin

خەملاندن

xaabo

نئزنگ

filin

فیلم

cod-baahiye

هـ‌ف

fure

کلیل

wargeys

رۆژنامه

rinjiyeyn

نیگار

tabeelo

پۆستەر

raadiye

رادیۆ

xusuus-qor

دەفتەر

huufar

سڤنكا ئەلەمكتریكی

tiitiin

کاكتووس

shumac

مۆم

jiko

مەتبەخ

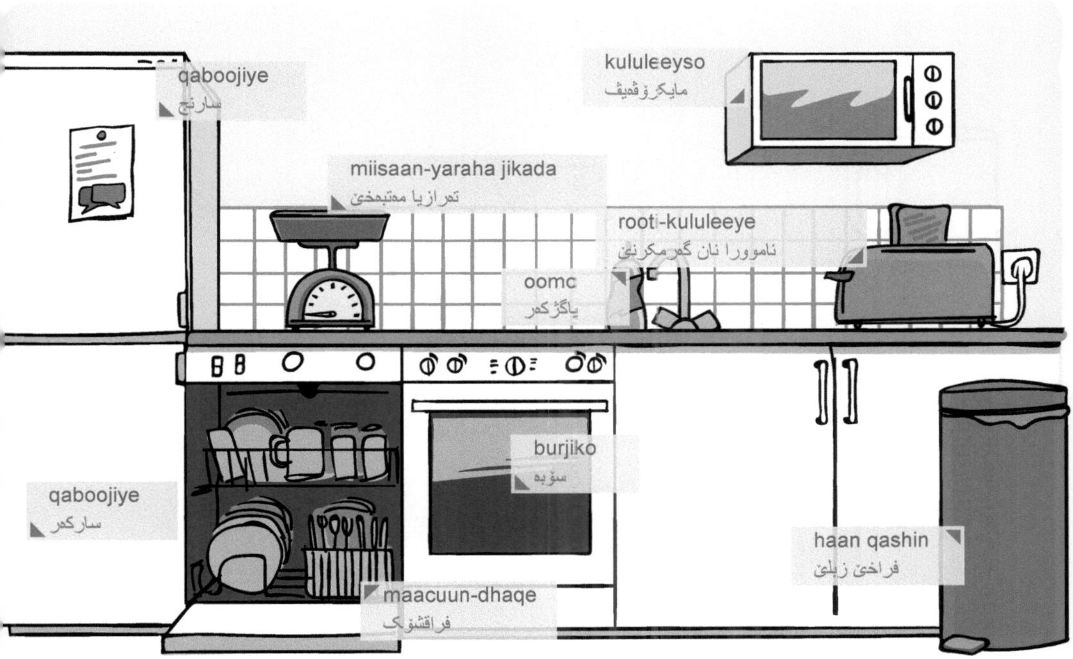

qaboojiye
سارنج
kululeeyso
مایکرۆڤەیف
miisaan-yaraha jikada
تەرازیا مەتبەخێ
rooti-kululeeye
ئاموورا نان گەرمکرنێ
oomc
پاگژکەر
burjiko
سۆبە
qaboojiye
سارکەر
haan qashin
فراخێ زبلێ
maacuun-dhaqe
فراقشۆک

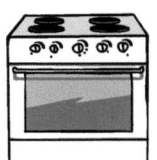

kuuker

سۆبە

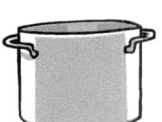

dheri

ئامان

birtaawo

ئامای ئووتوو

birtaawo

فراقێ مەزن

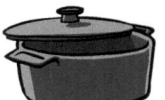

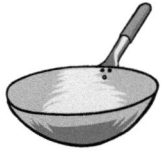

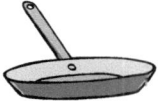

birtaawo

دیزک

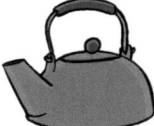

kirli

کەلینک

uumiye

فراقێ هلمئ

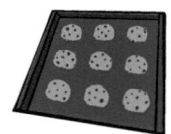

saxaarad dubista

سینی نانئ

maacuun

فراق

bakeeri

پیاله

baaquli

کاسک

qoryo wax lagu cuno

دارئ نانخوارن

malqacad

همسک

qaado

کەفچیا مەزن

folow

رینەمک

miire

کەفگیر

shashaq

بێژنگ

qudaar-jare

رەنشکەر

mooye

دستار

hilib-sol

براشتن

dab

ئاگرئ ڤالا

alwaaxa wax-jar-jarka

تەختەیا بڕینێ

ul jabaati

داركێ تیرێ

guf-saare

دەفکک بادەمک

gasac

قووتی

gasac-fure

قووتیقەکر

istaraasho-jiko

جاوێ ئامانان

saxanka-alaab-dhaqa

دەستشۆ

caday

فرچه

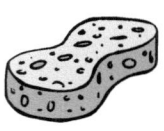

isbuunyo

ئاڕازپا

shiide

تەقێزر

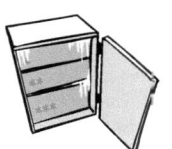

qaabojin qoto-dheer

ساردكرێ جەمەدی

masaasad

شووشه بەبکان

tuubbo

هەنحفێ

musqul-qubeys

هەمام

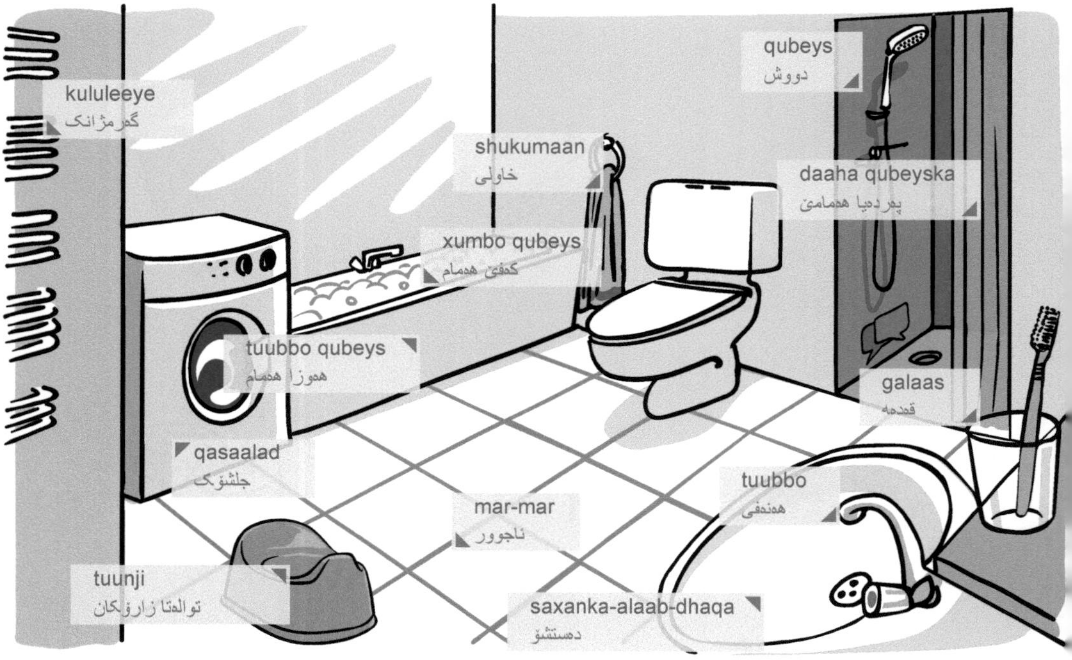

kululeeye
گەرمژانک
shukumaan
خاولی
qubeys
دووش
daaha qubeyska
پەردەیا هەمامێ
xumbo qubeys
کەفێ هەمام
tuubbo qubeys
هەوزا هەمام
galaas
قەدەه
qasaalad
جلشۆک
tuubbo
هەنەفی
mar-mar
ئاجوور
tuunji
تواڵەتا زارۆکان
saxanka-alaab-dhaqa
دەستشۆ

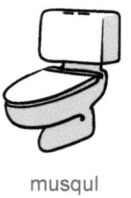

musqul

تواڵەت

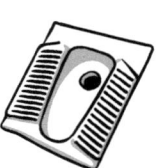

musqusha fadhiga

تواڵەتا ئەردی

siin

تواڵەت

weel kaadi

ئاڤدەستخانا مێران

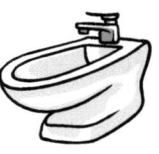

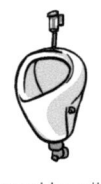

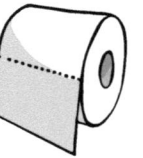

tiish musqul

کاخەزا تواڵەت

burushka musqusha

فرشەیا تواڵەت

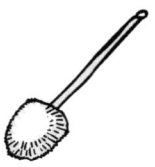

caday

فرچیا دران

daawo caday

ممجوونا دران

dunta ilka farashada

نمخا ددان

dhaq

 شووشتن

gacan qubeys

دووشئ دهستئ

tuubo-musqul

دووش

beeshin

دهستشۆ

burush-qubeys

فرچا پشت

saabuun

سابوون

shaambo

جىئلئ هدمام

shaambo

شامپۆ

cago-saar

فانيلد

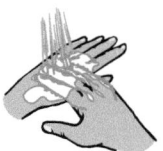

biyo-saare

زىئراب

kareem

كرىئم

carfiso

بىئهن خوەمشكر

muraayad

مرێک

muraayad gacmeed

مرێکا دەستێ

sakiin

گووزان

xumbada xiirashada

کەفێ تەراشینێ

daawo gar-xiir

ممجوونا پشتی تەراشینێ

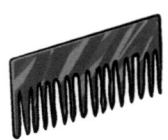

shanlo

شمە

burush

فرچە

fooneeye

پۆر هیشککر

timo-buufis

سپرایا پۆرێ

waji-qurxiye

کۆزمەتیک

rooseeto

سۆرافک

cidiyo-nadiifiye

رەنگێ نینۆک

dun

پەمبووو

cidiyo-jar

مەقەستا نینۆک

baarafuun

پارفووم

boorso-wajidhaq

چموالئ هەممامئ

saxaro

كورسيا بئ‌پشت

miisaan culays

تەرازى

dhar-qubeys

كنجا هەممامئ

gacma gashi cinjir

لپكا لاستيكئ

tambooni

تامپۆن

tiimshe

خاوليا پاقژكرنئ

musqul kiimiko

توالئتا كيمييوى

qolka ilmaha

ئۆدەیا زارۆک

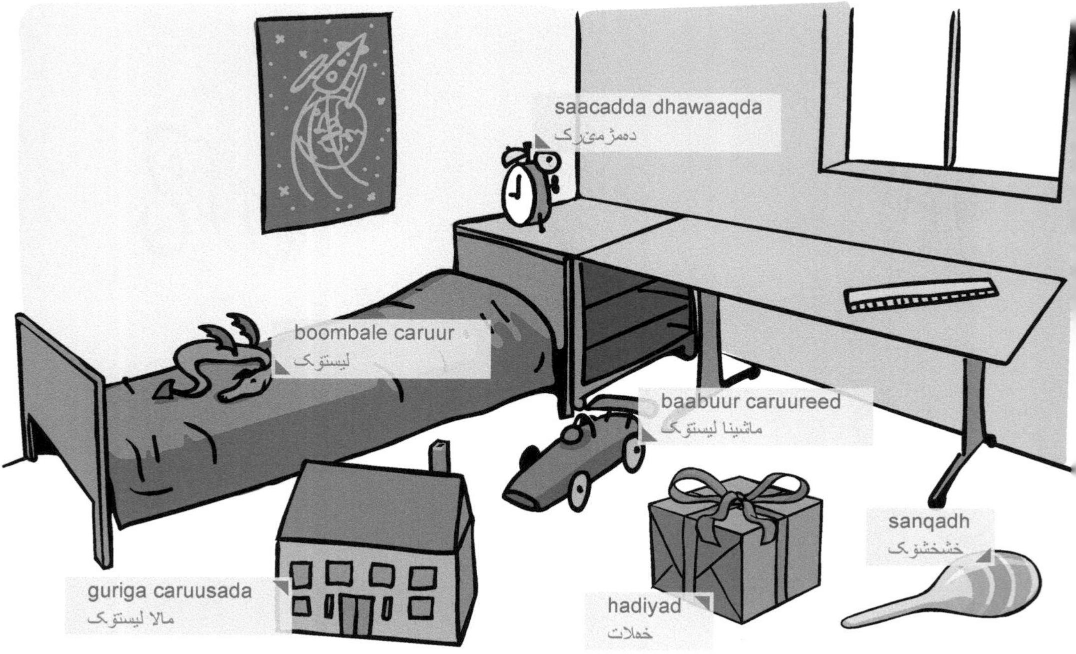

saacadda dhawaaqda
دەمژمێرک
boombale caruur
لیستۆک
baabuur caruureed
ماشینا لیستۆک
guriga caruusada
مالا لیستۆک
hadiyad
خەلات
sanqadh
خشخشۆک

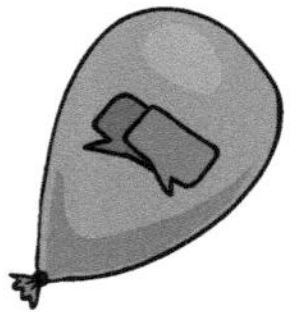

buufin

پفدانک

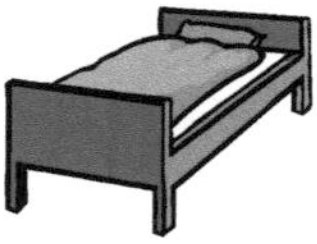

sariir

نڤین

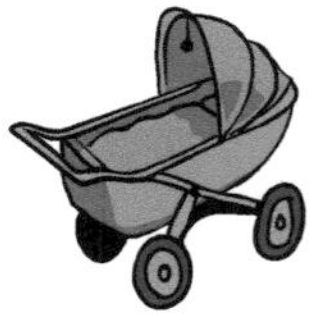

gaariga caruurta

کۆچک

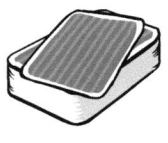

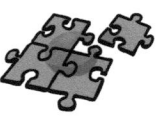

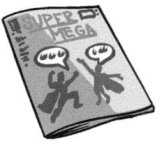

turub

لیستکا کارتێ

miinshaar

فریزبی

maad

کۆمیک

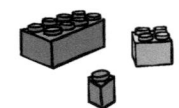

bulkeeti boombale ah

بۆڵکێتی بۆمباڵە

tooy

کوتۆڵیستی ئاراوجان

sanam

شووشکە بوو

isku-jooga dhallaanka

کەنجا بەبکان

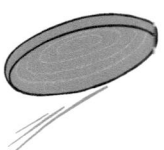

aalad cayaar

فرزبی

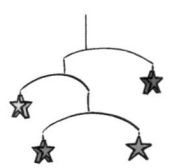

moobaayl

هەستنگۆمڤ

khamaar

لیستکێن تەختد

laadhuu

مۆر

moodo tareen

مۆدێلا ترێنی

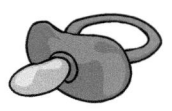

boombale

مەمک

xaflad

جەژن

buug sawirro

کتێبا وێنە

kubbad

تۆپ

boombale

بووکە شووشە

cayaar

لەییستن

dhoobo-dhoobeey

كونا خیزئ

wiifoow

جۆلانه

alaab-alaabeey

لیستۆکان

geemka gacanta laga hago

لیستكا ڤیدەوَیی

baaskiil

سئچەرخە

boombale

هەرچا لیستۆک

armaajo dhar

جلدانک

sigisaan

گۆرە

sigsaan haween

گۆرە

surwaal-dhuuqsan

دەرپئگۆرئ

masar
شال

dallad
چەتر

funaanad
كراس

suun
قايش

kabo buud
شمکال

dacas
سۆلکئ ناڤ مالئ

kabo tababar
سۆلک

saandalo
سۆلک

kabo
سۆل

kabo roob
پۆتينا چەرمئ

hoos-gashi
پانتۆلئ ژئر

rajabeeto
پئ‌سير بەند

garan
چەمکبەند

jir

جمندمک

surwaal

پانتۆل

surwaal jeenis

ژمانس

goono

دامان

canbuur

کراس

shaati

کراس

funaanad-dhaxameed

فانێڵه

garan dhaxameed

فانێڵه

jaakad fudud

جاکێت

jaakad

ساکۆ

koodh

چاکت

koodhka roobka

بارانی

dhar-munaasabadeed

لەباس

labbis

فیستان

lebbis aroos

جلێ داوهتێ

suut

چاكيت

dhar-hurdo

پێجامه

bajaamo

پێجامه

saari

ساری

masar

لمچک

cimaamad

مێزر

cabaayad

مارینه

saako

كافتان

cabaayad

ئەبا

dharka-dabaasha

کنجا ئاژناکردن

dabo-gaabyo

جلکا مەلەڤانی

surwaal-dabagaab

شۆرت

taraak-suut

جلا هێۆژکاری

dufan-dhowr

پێشمال

gacmo gashi

لپک

galluus

دومگمه

ookiyaale

کفاچرمه

jijin

بازن

silis

ینددرگ

faraati

لیتسوگ

dhego dhego

کرامهوگ

koofiyo

کفهد

katabaan

کمتفهلاه

koofiyad

مووک

garabaati

تاواک

jiinyeer

پیپز

helmed

زیراپرهس

ilko-reeb

یهرهد

direes dugsi

یناتسبد اجنک

direes

مرفوزینووی

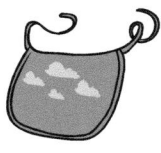

cayo-dhowr

بەردلک

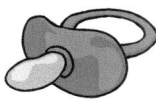

boombale

مەمک

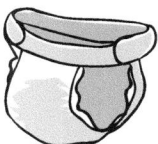

maro-dufeed

پونداخ

xafiis

ئۆفیس

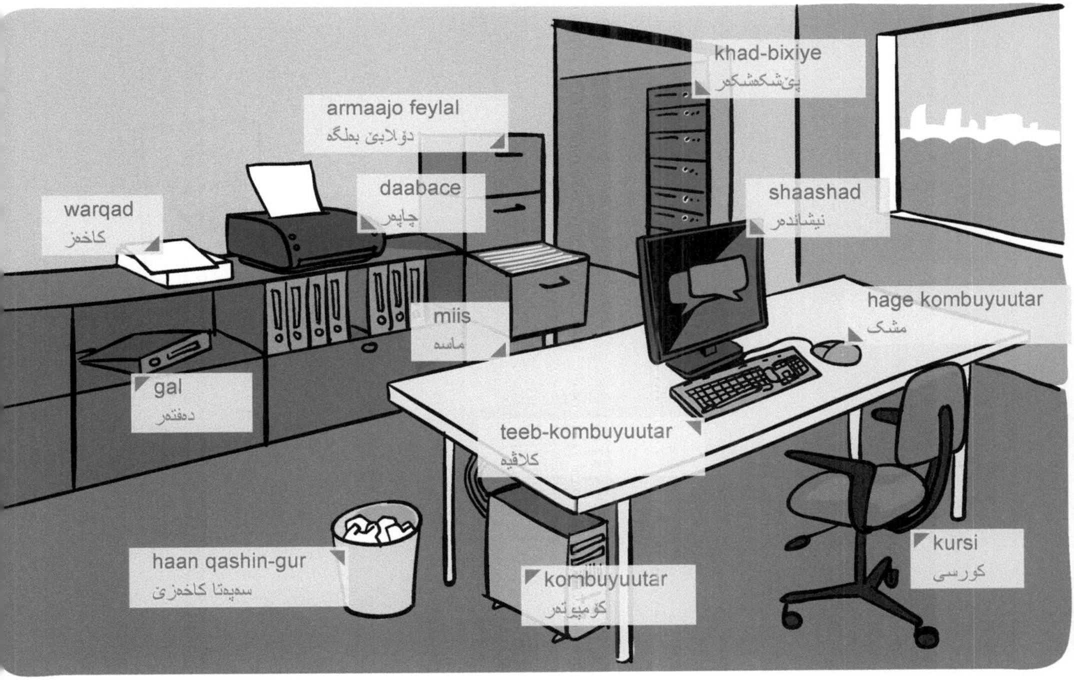

khad-bixiye
پێشکەشکەر
armaajo feylal
دۆلابێ بەلگە
warqad
کاخەز
daabace
چاپەر
shaashad
نیشاندەر
miis
ماسە
hage kombuyuutar
مشک
gal
دەفتەر
teeb-kombuyuutar
کلاڤیە
haan qashin-gur
سەپەتا کاخەزێ
kombuyuutar
کۆمپیوتەر
kursi
کورسی

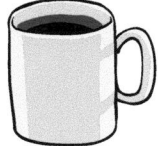

koob kafee

کاسکا قەهوە

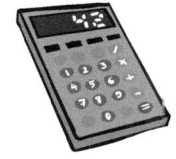

kalkuleytar/xisaabiye

هەسابکەر

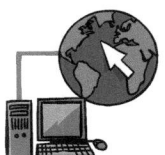

internet

ئینتەرنەت

laabtoob

كۆمپيوتېرا لاپتۆپ

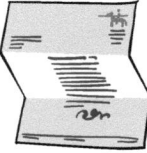

bakhshad

نامە

fariin

پەيام

moobaayl

تېلېفۆنا مۆبيل

shabakad-kombuyuutar

تۆر

footokoobi

مەكينا فۆتۆكۆپيى

barnaamij-kombuyuutar

سۆفتوارە

telefoon

تېلېفۆن

god koronto

سۆجكدتا فيشمەك

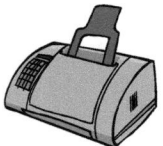

mishiinkan fax-ka

مەكينا فاخئ

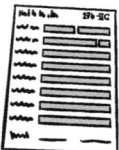

foomka

فۆرم

dokumenti

بەلگە

iibso

كرین

bixi

پەرە دان

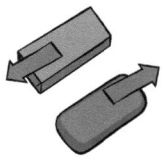

ganacso

بازرگانى

lacag

پەرە

doollar

دۆلار

yuuro

يۆرۆ

yenka jabbaan

يەنى ژاپۆنى

robolka ruushka

رۆبلى رووسى

Franka iswiiska

فرانكى سويسى

lacagta shiinaha

يوانى چينى

rubiyada hindiga

روۆپى هندى

maqal

ممكينا ژخومبەرا داراف

xafiiska sarrifaka lacagaha

ئۆفیسا پەرە قەگوھارتنێ

dahab

زێر

qalin

زیڤ

shidaal

نەفت

tamar

وزە

qiime

بها

qandaraas

پەیمان

canshuur

تاخ

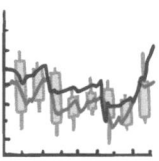

raasumaal

سەهام

shaqee

کارکرن

shaqaale

کارکەر

shaqaaleysiiye

کاردا

warshad

فابریکا

dukaan

دکان

sarkaal booliis
پۆلیس

dab-demiye
ناگرکوژ

duuliye
فڕۆکەڤان

cunto-kariye
ناشتاباز

dhakhtar
پزیشک

beeralley

باخچەڤان

nijaar

نەججار

timo-qurxiso

دروونڤان

qaaddi

هاکم

farmashiiste

شیمیابازان

jile

شانۆگەر

darawal bas

شوفێری باسێ

taksiile

شوفێرمكی تاكسیێ

kalluumeyste

ماسیڤان

nadiifiso

پاگژکمر

saqaf-dhise

چێکرێ بانی

kabalyeeri

بمرکار

ugaarsade

نێچرڤان

rinjiile

رمنگرێس

rooti-dube

نانپێژ

koronto-yaqaan

کارمباقان

dhise

ناقاکمر

injineer

نەهندمزیار

kawaanle

قمساب

tuubbiiste

لولمكار

boostaale

پۆستمقان

askari

ئەسكەر

injineer-dhismo

مېمار

qasnaji

دراقگر

ubax-yaqaan

گۈلفرۆتكارا چىچەكلان

timo-jare

پۇرچىكەر

kiro-uruuriye

ناژۇۋان

makaanik

مەمكانىك

kabtan

كەشتىۋان

dhakhtar-ilko

پزىشكا ددانان

saaynisyahan

زانستىار

wadaad yahuud

روھان

imaam

ئىمام

xerow

كەشە

wadaad

كەشىش

qalab

ئامووران

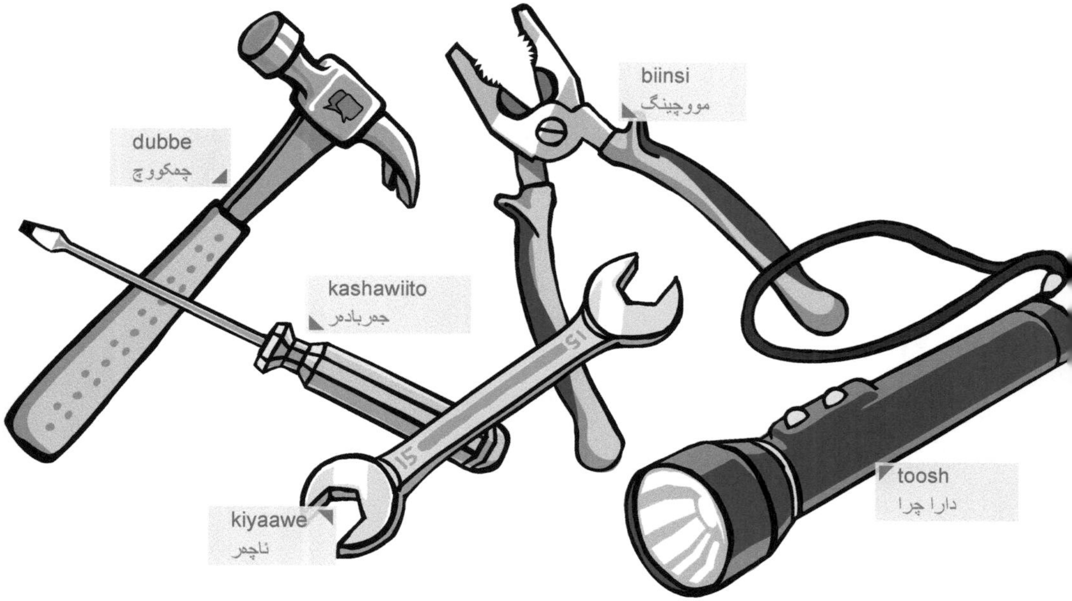

dubbe
چەکووچ
biinsi
مووچینگ
kashawiito
جەربادەر
kiyaawe
ئاچەر
toosh
دارا چرا

dhul-qoddo

شۆفەل

qalab-xajiye

قووتیا ئامووران

jaraanjaro

پەیژە

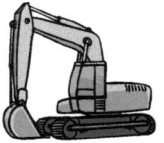

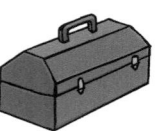

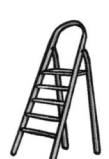

miinshaar

مشار

musbaarro

میخ

dalooliye

قولکرن

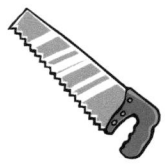

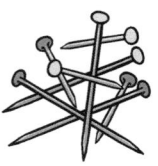

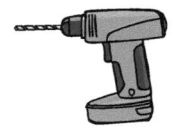

dayactir

چونكرن

badiil

ممربوٚر

inkaar kugu dhacday!

نالهت!

bus-xaabiye

بێڵ

gasacad rinji

قووٚتیا رەنگێ

boolal

جمر

qalab muusiko

ئامووڕێن موٚوزیكێ

samacad
بلیندگوٚ

digsi
كوٚمی دەهوٚڵ

kataarad
گیتار

kataarad guux-weyn
جوٚردیا گیتار

tu-umbo
زرنا

biyaano

پیانۆ

fiyooliin

ڤیۆلین

karaarad guux-dheer

باس

durbaan-sheegagle

دەهۆل

durbaan

داهۆل

loox-xarfeed-biyaano

کیبیۆرارد

turumbo

ساکسۆفۆن

siin-baar

بلوور

makarafoon

میکرۆفۆن

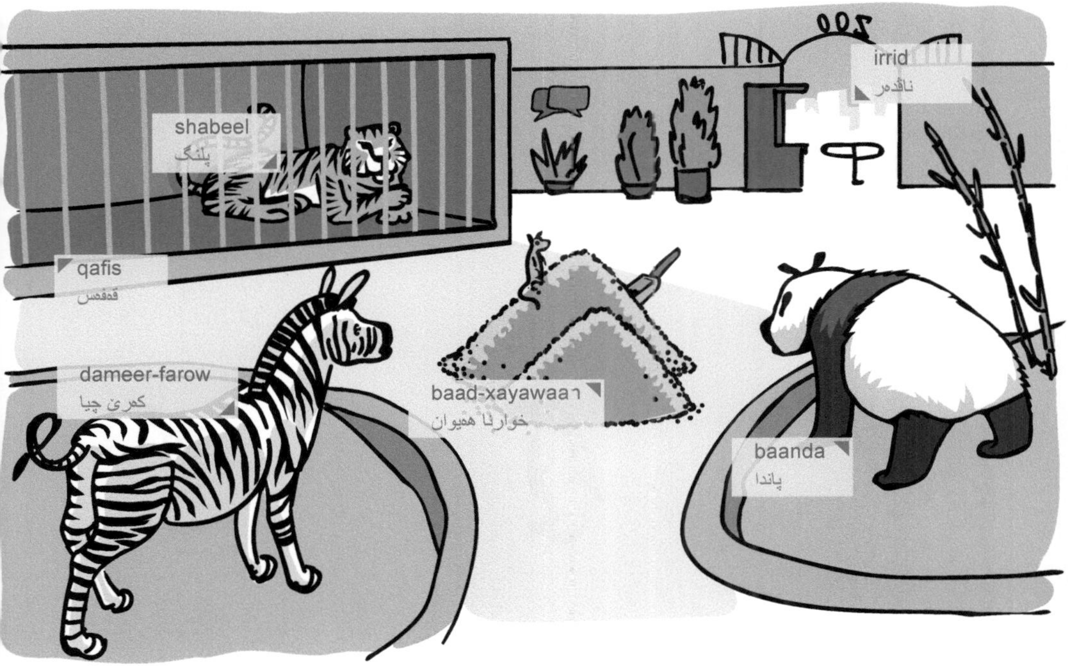

irrid
ناڵدهر

shabeel
پڵنگ

qafis
قەفس

dameer-farow
کەرێ چیا

baad-xayawaar
خوارنا هەیوان

baanda
پاندا

xayawaan

هەیوان

maroodi

فیل

kaangaruu

کانگاروو

wiyil

کەرکەدەن

goriille

گۆریل

oorso

هرچ

geel

هێشتر

gorayo

هێشترمد

libaax

شێر

daanyeer

مەیموون

xiita-luga-dheer

فلامینگۆ

baqbaqaa

پاپاخان

oorso baraf-ku-nool

هرچا جەمسەرى

shimbir baraf

پەنگوین

libaax-badeed

سەماسی

daa'uus

تاووس

mas

مار

yaxaas

تمساح

beer-xayawaan ilaaliye

پاراێزەرا باخچا ناژالان

bahal kalluun-cun

سەیا دەریا

shabeel-u-eke

پلنگ

dhal faras

اسپ‌سه

harmacad

پلنگ

jeer

بار‌روو ‌ئ‌اسپ‌سه

geri

اشتر‌ئ‌گانه‌ج

gorgor

ملۆه

doofaar-jilibeey

کۆڤی ‌زای‌هرا‌ب

kalluun

ماسی

qubo

کووسی

maroodi-badeed

والراس

dawaco

رۆڤی

deero

ال‌زدمخ

kubadda-cagta maraykanka
فووتبۆلێ ئامەریکا

tartanka bashkuleetiga
بسکلێ‌تان

kubbadda miiska
تەنیس

kubbadda koleyga
باسکێتبۆل

dabaal
ئاوڕۆ مەلیکرن

hookiga barafka lagu dhee
هۆکییا سەر جەمەدێ

cayaarta feerka
بۆخنگ

kubadda cagta

فووتبۆل

baadminton

بادمنتۆن

ciyaaraha fudud

یێ ناتلەمتیزمێ

kubadda gacanta

هەمندبۆل

iskii/ciyaarta barafka

بەفراژۆتن

cayaar-faras

پۆلۆ

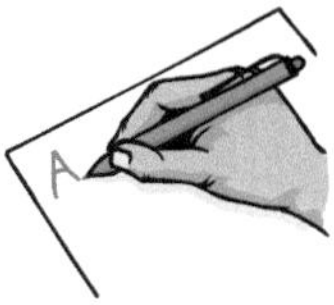

qosol
کەنین

boodid
هلپەکە

hab-siin
هەمبیز

soco
بریۆقمچوون

hees
لاوژە گوتن

riyo
خەون دیتن

duceyso
نمێز کرن

dhunkasho
ماچکرن

qorraxeed
نقیساندن

masawirid
نیگار کێشان

muuji
نیشان دان

riix
پاڵدان

sii
دابیین

qaado
راکرن

haysasho

همبين

samee

کرن

ahaansho

بوون

istaag

سمکنين

orod

بازدان

jiid

کشاندن

tuur

نافۆتن

dhicid

کەوتن

been-sheegid

دەرەو کرن

sug

سمکنين

qaad

گوهەزتن

fariiso

روونشتن

labiso

جل بەرکرن

seexo

رازان

toos

رابوون

fiiri

مۆڕه كرن

ooy

گرين

dhuftay

جەڵتە

shanleyso

شه كرن

hadal

پەیڤین

faham

فامكرن

weydii

پرسكرن

dhageysasho

بهیستن

cab

قەمخوارن

cun

خوارن

habee

كۆم كرن

jacayl

هەزكرن

kari

خوارن چێكرن

kaxee

ئاژۆتن

duulid

فڕین

چالاكیان – **hawlo** 65

shiraaco

كمشتيقانى

xisaabi

همسباندن

akhri

خواندن

barasho

هينبوون

shaqee

كاركرن

guurso

ژەوجين

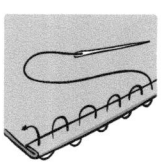

tol

درووتن

cadayso

ددان شووتن

dilid

كوشتن

sigaar cab

دووخان

dir

شاندن

ayeeyo
داپیر

awoowe
باپیر

aabbe
باف

hooyo
دئ

ilmo
کیمیده

gabar
کیج

wiil
کور

marti

مێقۆان

eeddo

تمد

adeer

ناپ/خال

walaal rag

برا

walaal dumar

لشۆخ

fool
ئوتنئی

il
چاف

garab
مل

far
تلی

weji
روو

gar
زمنی

gacan
دهست

naas
سینگ

lug
لنگ

cudud
پیل

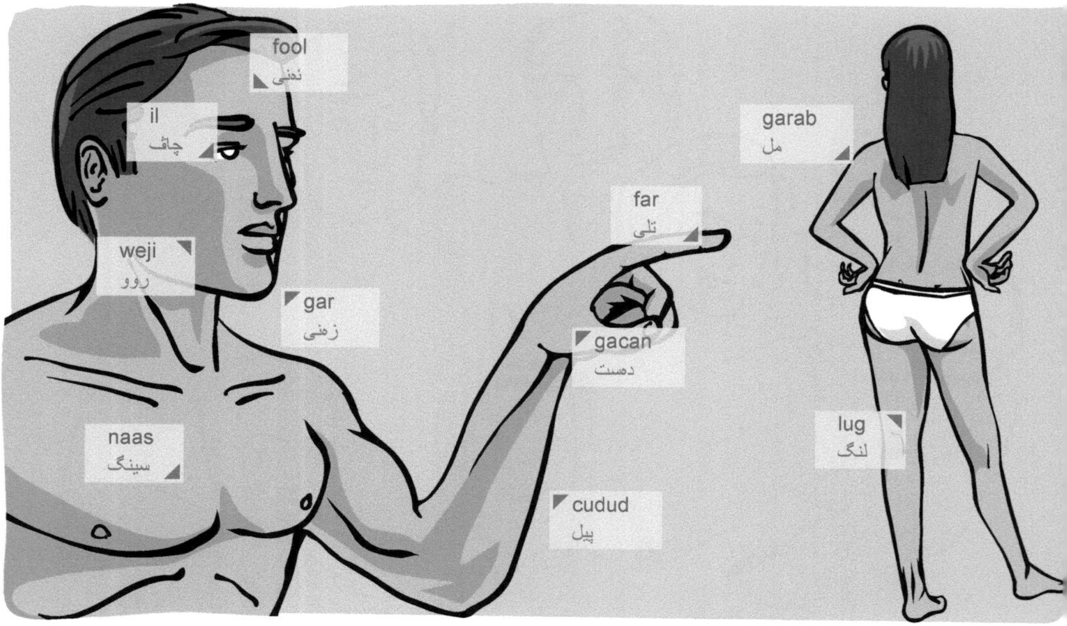

ilmo

بهبهک

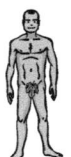

nin

مئرد

naag

ژن

gabar

کچ

wiil

کۆر

madax

سهر

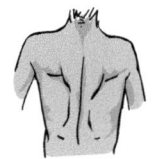

dhabar

پشت

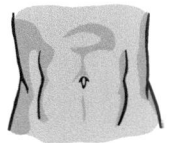

calool

زک

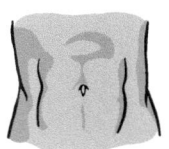

xuddun

ناف‌ک

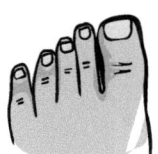

suul

تلیيا پیں

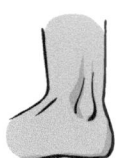

cirib

پانی

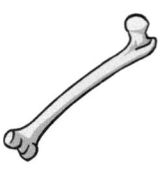

laf

همستی

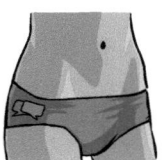

sin

کوولیممک

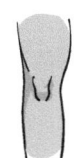

jilib

ژوونی

xusul

نمنیشک

san

دفن

bari

قوون

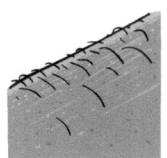

maqaar

چرم

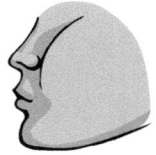

dhafoor

رو

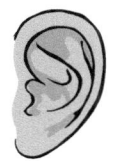

dheg

گووه

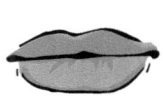

bishin

قیّل

af

دەف

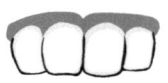

ilig

دران

carrab

زمان

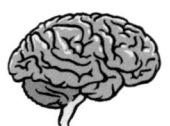

maskax

مغزی

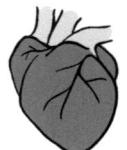

wadno

دل

muruq

ماسوول

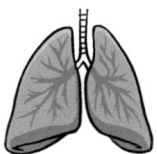

sambab

جیگەرا سپی

beer

جمگەر

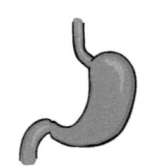

uur kujirta caloosha

ماده

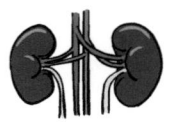

kelyo

گوورچکان

galmo

جۆتبوون

cinjir-galmo

کۆندۆم

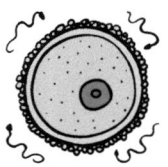

ugxan

هێنک

shahwo

تۆف

uur

دووجانی

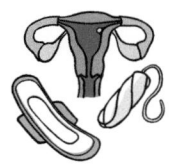

caado

ناده

siil

قووز

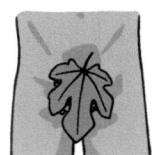

gus

كير

suni

بروو

timo

پۆر

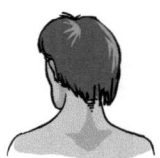

qoor

هووستوو

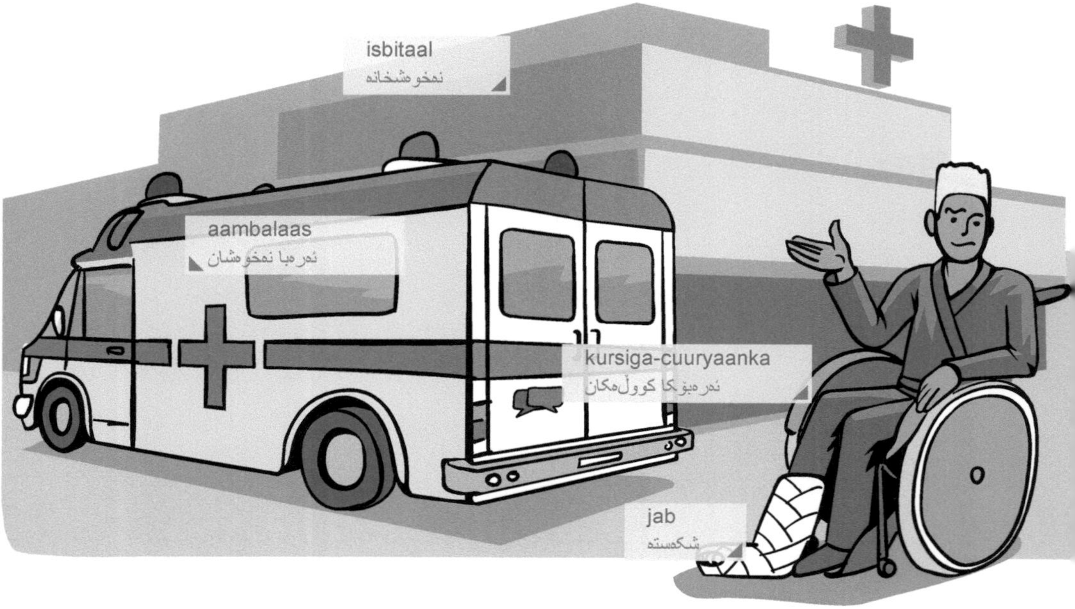

isbitaal
نەخوەشخانە

aambalaas
ئەمبا نەخوەشان

kursiga-cuuryaanka
ئەرەبۆكا کوولرمکان

jab
شکستە

dhakhtar

پزیشک

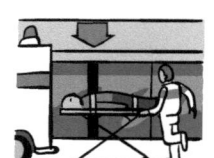

qolka xaaladaha-degdega ah

ئۆدا لەزگینی

kalkaaliye

نەخوەشیار

xaalad deg-deg ah

ئاجیلییەت

miyir-beelsan

بێهای

xanuun

نۆێش

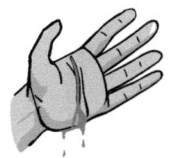

dhaawac

برين

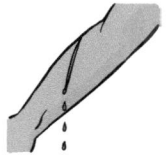

dhiig-bax

خوێنپژان

wadno-xanuun

هێرشا دلى

qallal

جملته

xasaasiyad

نالەرژى

qufac

کوخک

qandho

تا

hargab

زکام

shuban

ناقچووين

madax-xanuun

سەرێش

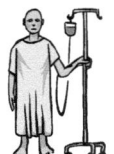

kansar

قانسێر

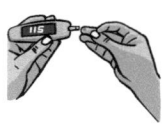

cudurka sokoroow

نەخومشيا شمكرى

dhakhtarka-qalliinka

ئەمەمەليكار

mindida qalliinka

سكالپێڵ

qalliin

نەممەلى

iskaan

جت

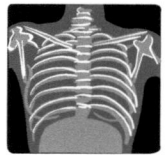

raajo

سووردتئ رؤنتگئن

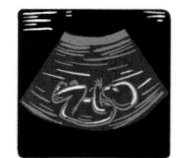

dhawaaq-xawaareed

ئوولتراساوند

maaskaro

ماسکئ رووینئ

cudur sokoroow

نەخوشی

qolka sugitaanka

ئۆدا سەکینئ

ul lagu boodo

گۆچان

kab

شیئل

faashato

پاچئ برینیئچانئ

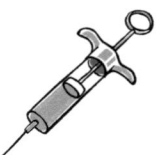

duris

دەرزی

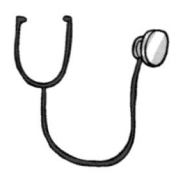

wadne-dhegeyeste

بیستۆکا پزیشکی

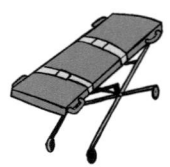

balankiino

داربەست

heer-kul-beega qandhada

تئهنیپیڤا کلینیکئ

dhalasho

زابین

aad-u-cayilan

قەلەو

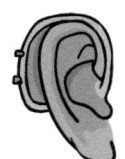

maqal-caawiye

ناليكاريا بهيستنئ

jeermis-dile

باكتمريكوژ

caabuq

كۆتيبيوون

feyras

فيرووس

AYDHIS/HIV

هڤ / نادس

daawo

دمرمان

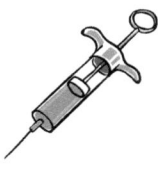

tallaal

كوتان

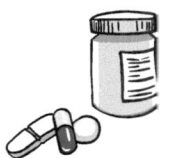

kaniiniyo

همبان

kaniin

همب

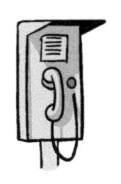

wicitaan deg-deg ah

لمزرگين

cabbiraha dhiig-karka

ديممندمرى پمستۆ خوين

xanuunsan / caafimaadsan

نمخوەش / ساخ

i caawiya!

هەوار!

sawaxan

ئاڵارم

weerar-kadisa ah

ئێریش

weerar

ئێریشکرن

khatar

تالووک

irridda bixida xaalad-deg-deg

لجەلانا کتمکرەد

dab!

ئاگر!

dab demiye

ئێندرانمەدق ئاگر

shil

قەزا

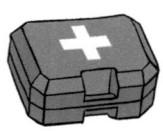

saduuqa xaalada-degdega ah

مکمی کاریان نالیکارییا نێتمەلان

codsi badbaado

سۆس

booliis

پۆلیس

Yurub

ئەوروپا

woqooyiga ameerika

ئامەریكایا باكوور

koonfurta ameerika

ئامەریكایا باشوور

Afrika

ئافریكا

Aasiya

ئاسیا

Oostareeliya

ئاووسترالیا

Atlaantik

ئاتلانتیك

Pacific

ئۆكیانووسا مەزن

Bad-waynta hindiya

ئۆكیانووسا هندی

Bad-waynta antarctica

ئۆكیانووسا ئانتارکتیكا

Bad-waynta arctic

ئۆكیانووسا ناركتیك

cirifka waqooyi

جەمسەرا باكوور

cirifka koonfureed

جمهسرا باشوور

Antarctica

نانتاركتيكا

dhul

ئەرد

dhul

ناخ

bad

بههر

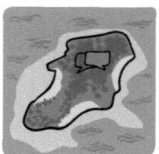

jasiirad

دوورگه

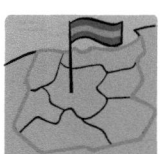

waddan

تەللەم

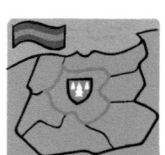

gobol

تالاەو

wajiga saacadda

تاهس يووﺭ

gacanka saacada

نشاندهندﺭکا کهدﻣژﻥﺭ

gacanka daqiiqada

نشاندهندﺭکا قهقد

gacanka ilbiriqsiga

نشاندهندﺭکا هيتاﻥ

waa intee saac?

چهندﺕ تﻥ؟ي سﻥ

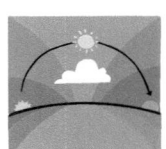

maalin

ﺭوژ

wakhti

ﻣهﻡ

hadda

نها

saacadda jiifarrada

ساهتئ دجيتال

daqiiqad

دهقه

saacad

تﻥﻥي سﻥ

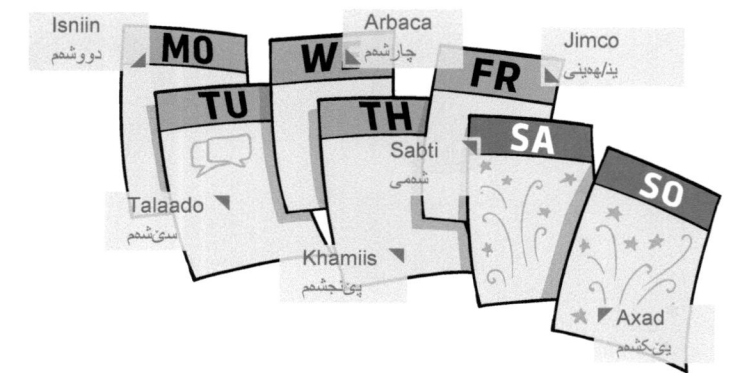

Isniin دووشەم
Arbaca چارشەم
Jimco یذ/هەینى
Talaado سێ‌شەم
Sabti شەممى
Khamiis پێ‌نجشەم
Axad یەک‌شەم

shalay

دوه

maanta

ئیرۆ

berri

سبەی

subax

سبە

duhur

نیوەرۆ

casir

ئێ‌وار

MO	TU	WE	TH	FR	SA	SU
1	2	3	4	5	6	7
8	9	10	11	12	13	14
15	16	17	18	19	20	21
22	23	24	25	26	27	28
29	30	31	1	2	3	4

maalmaha shaqo

رۆژێن کارى

MO	TU	WE	TH	FR	SA	SU
1	2	3	4	5	6	7
8	9	10	11	12	13	14
15	16	17	18	19	20	21
22	23	24	25	26	27	28
29	30	31	1	2	3	4

dabayaaqada usbuuca

داویا هەفتە

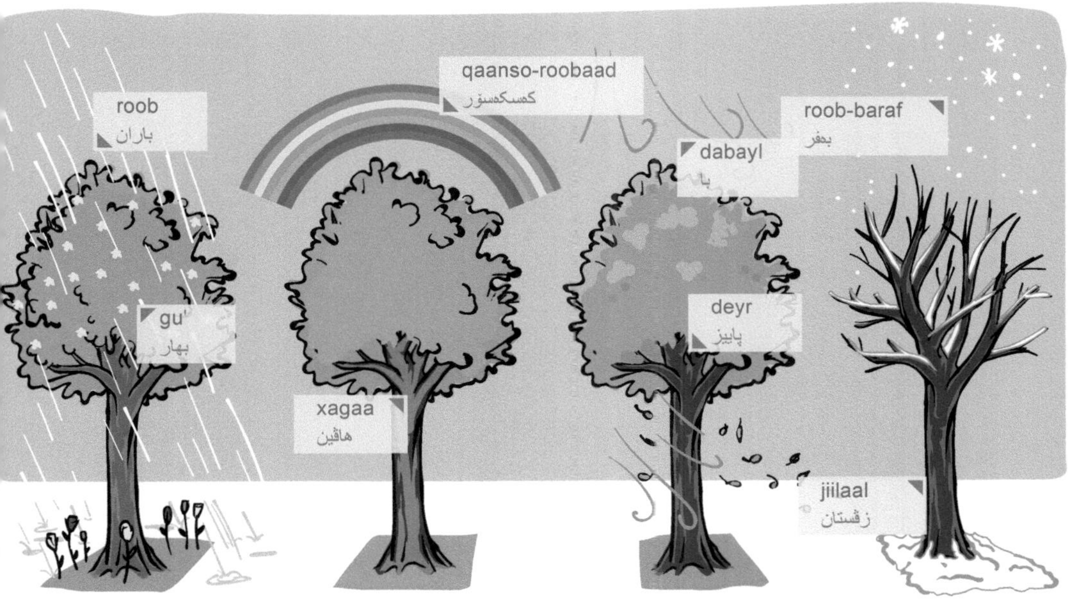

roob
باران
qaanso-roobaad
کەسکەسۆر
roob-baraf
بەفر
dabayl
با
gu'
بهار
deyr
پاییز
xagaa
هاڤین
jiilaal
زڤستان

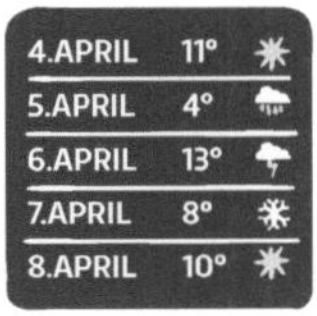

4.APRIL 11°
5.APRIL 4°
6.APRIL 13°
7.APRIL 8°
8.APRIL 10°

saadaal hawo

پێشبینیا هەوا

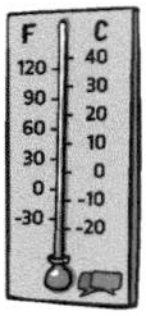

F C
120 40
90 30
60 20
30 10
0 0
-30 -10
-20

heer-kul baare

تەهنپیڤ

qorraxeed

تاڤ

daruur

هەور

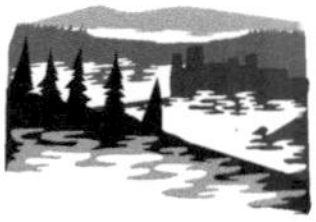

ceeryaamo

مژ

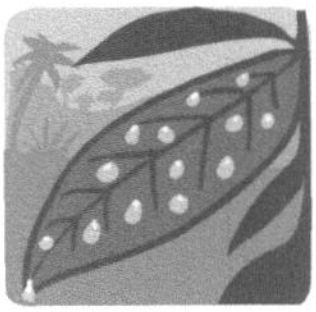

huur

هێمی

jac

برق

onkod

برووسک

duufaan

توفان

roob-baraf

تەرگ

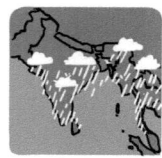

maansuun

مانسوون

daad

لەهی

baraf

جەممەد

Jannaayo

ڕێبەندان

Febraayo

رەشەمە

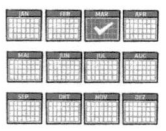

Maarso

نەورۆز

Abriil

گولان

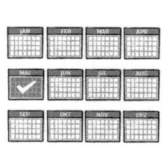

Mey

جۆزەردان

Juun

پووشپەر

Luulyo

گەلاوێژ

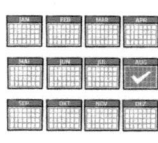

Agoosto

خەرمانان

Sebteember

رمزبەر

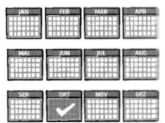

Oktoobar

كمۆچئۆر

Nofeember

سمرماوئز

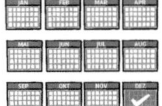

Diseember

بەفرانبار

goobaabo

چمبەر

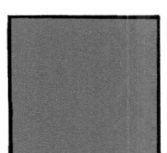

afar-gees

چارچک

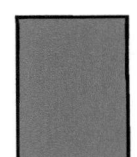

leydi

چارقۆزی

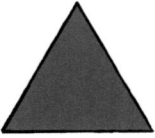

saddex-xagal

سێقۆزی

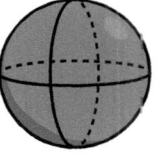

wareeg

قادا

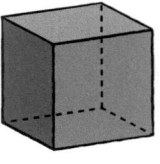

bokis

خشتەک

caddaan

سپی

hurdi

زەرد

oranji

پرتەقالی

guduud-khafiif

پەمبە

casaan

سوور

carwaajis

مۆر

bluug

شین

cagaar

كەسك

boroon

قاھوەیی

cawl

گۆڕ

madow

ڕەش

badan / yar

زۆر / كەم

caro / daganaan

ب هێ سرس / بێدەنگ

qurxoon / foolxun

بەدوو / نەرند

billow / dhammaad

دەستپێک / داوی

yar / weyn

مەزن / بچووک

iftiin / mugdi

رۆنی / تاری

walaalkaa / walaashaa

براك / خوشک

nadiif / wasakhaysan

پاگژ / گرێژ

buuxa / dhantaalan

تەقی / نەتەمام

maalin / habeen

رۆژ / شەڤ

dhintay / nool

مری / زندی

ballaaran / ciriiri ah

فرە / تەنگ

la cuni karo / aan la cuni
karin

خوش / نمخوش

arxan-daran / naxariis-
badan

نمباش / باش

faraxsan / caajisan

ب همیمجان / ناجز

buuran / caateysan

قلمو / زراڤ

ugu horeeya / ugu
dambeeya

پمکممین / داوین

saaxiib / cadaw

همڤال / دژمن

maran / buuxa.

تژی / ڤالا

adag / jilicsan

رمق / نمرم

culus / fudud

گران / سڤک

gaajo / oon

برچی / تینی

xanuunsan / caafimaadsan

نمخوش / ساخ

sharci-darro / sharci

نمقانوونی / قانوونی

caaqil / dabbaal

رموشمنبیر / بالووله

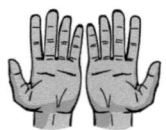

bidix / midig

چپپ / راست

dhow / fog

نئزی / دوور

cusub / duug

نو و / بکارهاتی

waxba / wax

هیچ / نٹشتمک

da' / dhalinyar

کال / جوان

daaris / damin

ل / ژ

furan / xiran

فمکری / گرتی

aamusnaan / cod-dheer

نارام / دەنگبلند

taajir / sabool

دەولەمەند / رەبمن

sax / khalad

راست / شاش

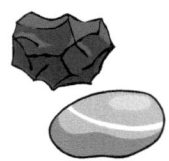

jilif leh / sabiibax

در / هلوو

murugsan / faraxsan

خمگین / شا

gaaban / dheer

کورت / دریژ

tartiib / dhaqsi

هئدی / زوو

qoyaan / qalleyl

شل / زوا

qandac / qabow

گەرم / هئنک

dagaal / nabad

شەر / ناشتی

0
eber

سفر

1
kow

کمی

2
laba

دوو

3
saddex

سێ

4
afar

چار

5
shan

پێنج

6
lix

شەش

7
toddoba

هەوت

8
sideed

هەشت

9
sagaal

نۆه

10
toban

دەه

11
kow iyo toban

یازده

12

laba iyo toban

دوازده

13

sadex iyo toban

سیزده

14

afar iyo toban

چارده

15

shan iyo toban

پازده

16

lix iyo toban

شازده

17

todoba iyo toban

همفده

18

sideed iyo toban

همژده

19

sagaal iyo toban

همدزون

20

labaatan

بیست

100

boqol

سمد

1.000

kun

همزار

1.000.000

malyuun

ملیۆن

Af ingiriis

ئینگلیزی

Ingiriiska Mareykanka

ئنگلیزیا نامهریکی

Mandariinka Shiinaha

چینی ماندارین

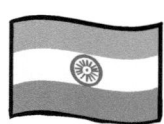

Hindi

هئندی

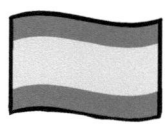

Boortaqiis

ئیسپانیۆلی

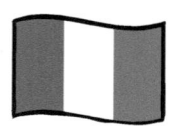

Faransiis

فرهنسی

Carabi

نهرهبی

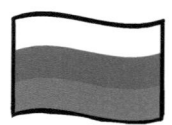

Ruush

رووسی

Boortaqiis

پۆرتوگالی

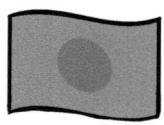

Bengaali

بهنگالی

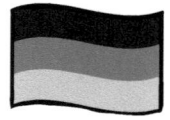

Jarmal

ئهلمانی

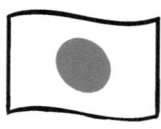

Jabaaniis

ژاپۆنی

aniga

من

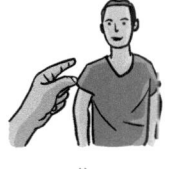

adiga

تو

asaga / ayada

ئەو / ئەڤ / ئەو

annaga

ئێمە

idinka

تو

ayaga

ئەو

kee?

کی؟

maxay?

چ؟

sidee?

چاوا؟

xagee?

کیدەرێ؟

goorma?

کەنگی؟

magac

ناڤ

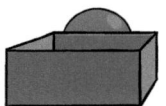

gadaal

پُشتی

gudaha

پۆشتی

horta

پۆشتی

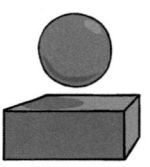

ka sare

سەر

dusha

سەر

ka hooseeya

بن

dhinac

کئ‌لمک

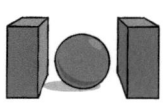

u dhexeeya

ناقِبجر

meel

جە